T0002609

El mosquito
Colección Animalejos

© del texto y de las ilustraciones: Elise Gravel, 2016
© de la edición: NubeOcho, 2022
© de la traducción: Ude AutumnLeaf, 2022
www.nubeocho.com · info@nubeocho.com

Adaptación de la caligrafía: Ude AutumnLeaf

Título original: *Le Moustique*

Primera edición: Abril, 2022
ISBN: 978-84-18599-64-4
Depósito Legal: M-7176-2022

Publicado de acuerdo con La courte échelle.

Impreso en Portugal.

Todos los derechos reservados. Prohibida su reproducción.

Elise Gravel

EL MOSQUITO

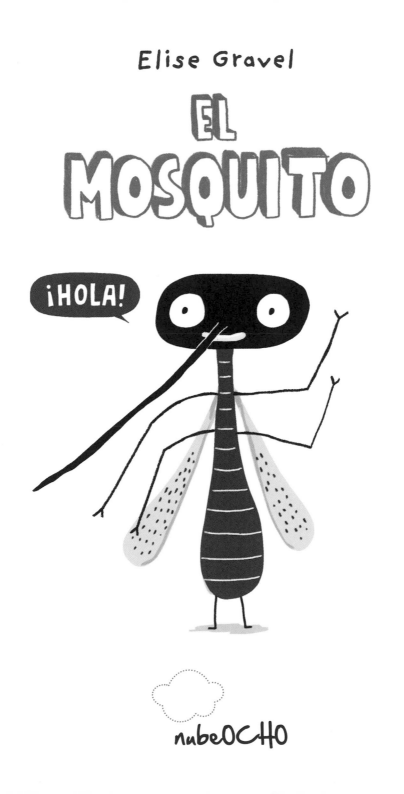

nubeOCHO

Niñas y niños, vamos a conocer
a un animal muy especial:

EL MOSQUITO

También lo llaman

ZANCUDO.

Los mosquitos pertenecen a la familia de los dípteros, como las moscas. Hay más de 3.500 especies de mosquito alrededor de todo el planeta, ¡y molestan a todo el mundo!

Los mosquitos...

¡PICAN!

¡Vete!

Vai-te embora!

Geh weg

Kuro patapata

Vattene

Los mosquitos hembra son los que pican. Necesitan la proteína que hay en tu sangre para poner

HUEVOS.

Los mosquitos macho se alimentan del néctar de las flores y de otros tipos de azúcar.

Los mosquitos hembra nos pican con una trompa muy larga llamada

PROBÓSCIDE.

Buscan un vaso sanguíneo en nuestro cuerpo, pican ¡y nos chupan la sangre!

A los humanos, nos pueden encontrar
detectando el

DIÓXIDO
DE CARBONO

que exhalamos al respirar. También
nos huelen y detectan el calor de
nuestros cuerpos.

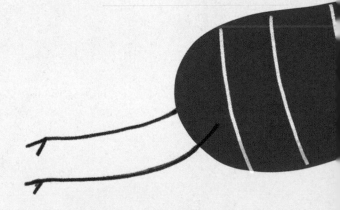

Cuando nos pica un mosquito
nos inyecta un poco de

SALIVA

en la piel. Esta saliva es especial: hace
que no sintamos el pinchazo, y así nos
chupan la sangre sigilosamente.

Y después, ¡se escapan antes de
que nos demos cuenta!

Unos minutos después, nuestra piel reacciona a su saliva y aparece una

HINCHAZÓN

o picadura. Pero no te preocupes, desaparece a los pocos días.

¿Te gusta mi autógrafo? No está mal, ¿eh?

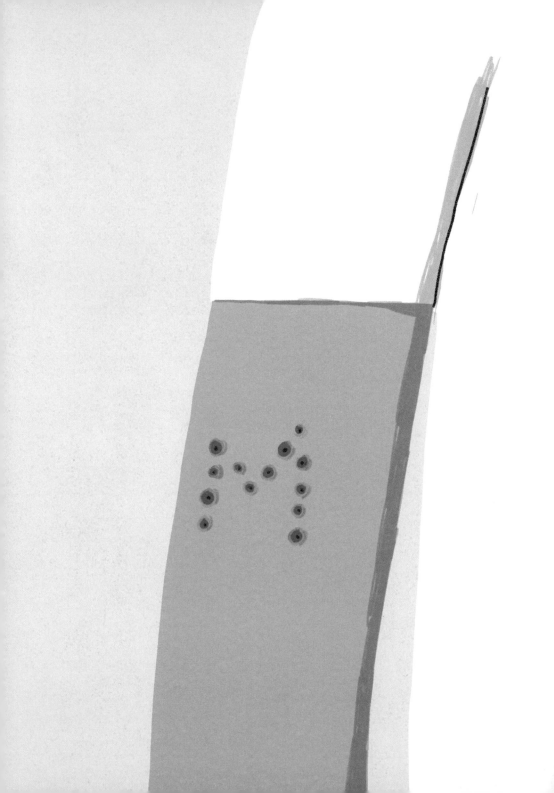

Los mosquitos emiten un molesto

ZUMBIDO

al batir sus alas ¡hasta 800 veces por segundo!

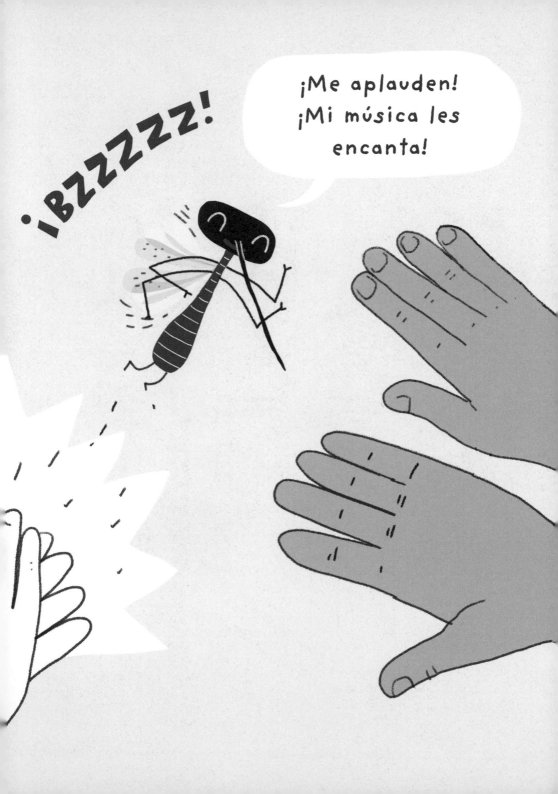

A pesar de sus alas súper-rápidas, los mosquitos son muy lentos. Si todos los insectos con alas echaran una carrera, los mosquitos quedarían

LOS ÚLTIMOS.

¡Lo importante es participar!

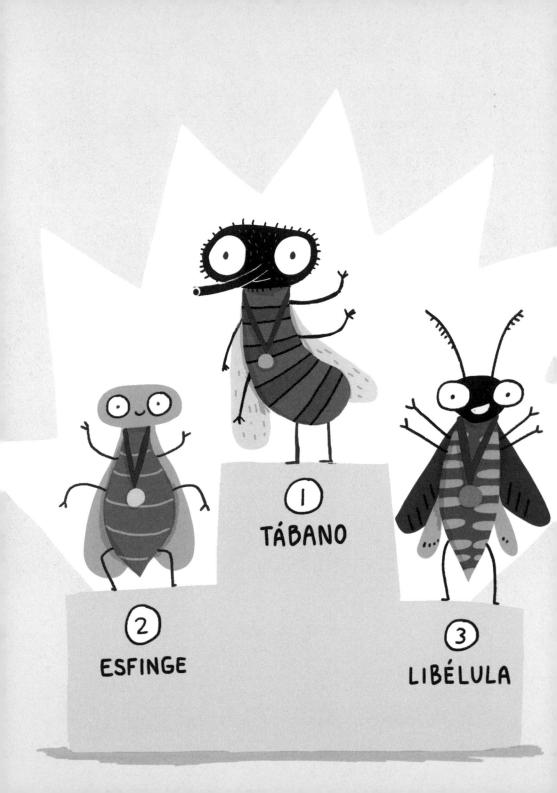

1

TÁBANO

2

ESFINGE

3

LIBÉLULA

En países cálidos, los mosquitos pueden infectar a quienes pican con enfermedades muy peligrosas, como la malaria. Aunque los mosquitos sean pequeños, son más

PELIGROSOS

para los humanos que los tiburones o los leones.

Las hembras mosquito ponen sus huevos
en agua estancada: pantanos, lagos,
cubos de agua, incluso en charcos.
¡Pueden poner hasta

huevos a la vez!

¿No es un sitio precioso, cariño?
¡Perfecto para criar a nuestros hijos!
GUISANTES

Cuando el huevo del mosquito eclosiona, sale la

LARVA

en busca de algo para comer. Después de pasar un rato comiendo, la larva se convierte en una crisálida que flota sobre el agua para poder respirar. Tras unas semanas, el mosquito ya es adulto. Rompe la crisálida y está listo para picarte y poner más huevos. ¿Verdad que son adorables?

Los mosquitos hembra pueden vivir unos días, pero también varios meses, si no los devora antes un

DEPREDADOR

como la araña, el sapo, un pez o un murciélago. Los mosquitos macho, en cambio, solo viven unos 10 días. ¡Pobrecitos! Sin embargo, los mosquitos hembra hibernan y salen en primavera para dar más picotazos.

¡Cuánto tiempo sin verte! Te echaba de menos, ¡dame un besito!

En definitiva, si no te gusta demasiado la compañía de los mosquitos, échate repelente para insectos, ponte

MANGA LARGA

y pantalones largos. También puedes hacerte amiga o amigo de algún depredador de mosquitos.

¿Qué pasa? ¿No te gusta mi nuevo sombrero?